마음 씻으러

고명지

본명 고려인(高麗仁)
1947년 서울 출생
경기여자중학교 졸업
서울예술고등학교 미술과 졸업
홍익대학교 미술대학 서양화과 졸업

월간 『창조문예』 등단
강남문인협회 이사 및 회원
한국문인협회, 학여울문학회, 한국가톨릭문학회, 구성성당예술인회 회원

저서: 『차 한 잔 쉼표』(2019), 『추억의 향훈』(2020),
　　『얼음새꽃』(2021), 『나이팅게일 새』(2022)
　　『낙원 훔치는 안경』(2023), 『여섯 번째 사랑』(2024)

komy1029@naver.com
010-7340-4701

일곱번째 고명지 시집

마음
씻으러

여는 글

한밤에도 푸르러 가는 싱그러운 축제 계절
5월
청춘 열차를 타고 축제 안으로

저기 고군분투하는 자들
이 쬐그만 목소리
한 줌의 망매해갈(望梅解渴)이 되기를 꿈꾸며

2025년 5월
고명지

차례

여는 글   4

제1부
마음 씻으러

마음 씻으러   10
가는 봄 속에서   11
금계국, 데이지꽃 보며   12
고구마꽃   13
꽃비 내리는 날   14
꽃샘추위   15
납매 2   16
너와 난   17
때죽나무꽃   18
설국 속   19
며느리 주머니   20
배꽃 나들이, 강아지 세 마리   21
배추꽃향   22
백목련   23
연꽃 질 때면   24
설국 열차   25
살구꽃   26
수선화   28
아몬드꽃   29
청보리밭 2   30
홍그러운 봄 길   31
백일홍 꽃길   32
동강할미꽃   33
사랑의 계절   34

제2부
미사로 향한 발걸음

미사로 향한 발걸음　　36
프란치스코 교황님을 보내드리며 1　　37
프란치스코 교황님을 보내드리며 2　　38
새 교황 레오 14세 교황님을 맞으며　　39
성 김대건 안드레아 축일을 보내며　　40
제대 앞에서　　41
우리 주보 성인 성 유대철 베드로　　42
참 예수님 제자의 겸손　　44
아름다운 만남　　45
어느 장례식　　46
지금도 들릴까　　47
신부님의 어느 날　　48
배신　　50
기도 연줄 당기며　　51
임종 체험　　52
청소년 주일에 마주하는 예수님　　54
해바라기 4　　55
달다 발걸음은　　56
2024년 5월　　58

제3부
까치가 우네

까치가 우네　60
돌아오지 않는 강　61
다가올 봄을 그린　62
군상 1　64
물방울 변주　65
비 오는 날이면　66
모네의 정원　67
석양의 화가　68
두둥실 어린애로 하늘 올라간　70
그리스도 모습으로 매달려　71
금빛 우정　72
조선 돈키호테　73
현 근대 미술 숲 거닐며　74
제비 다방　76
수묵 추상 선구자　77
즐거운 비속　78
추상 미술 아버지　79
수화 일기　80
용감한 예술 후원가　81
아름다운 날 남기고 간 조선 르네상스인　82
쿵쾅쿵쾅 심장 맥박 소리　83
몽환적 휴식　84
폴 세잔　85
평생 천상 그린 화가　86
고은 노을 1　88
고은 노을 2　89
고은 노을 4　90
기다리고 기다리는　92

제4부
"얼쑤" 좋구나

"얼쑤" 좋구나　　94
잎새달의 위로　　95
40년 지켜온 신화　　96
가자미 눈　　97
나래 단 한지　　98
막걸리　　99
뉴코리안　　100
배꼽 웃음　　101
까칠한 너　　102
물오름달을 보내며　　103
김치 날을 맞으며　　104
명태 변신　　105
아름다운 나뭇잎 편지　　106
동경 커피 맛은　　107
산불 참사(**慘事**)　　108
강남 찬가　　110
아, 기억되리　　112
효도 계약서　　114
시인 4　　115
수지 언니　　116
앵무새 예쁜 소리　　117
노안(**老顔**)은 예술품　　118

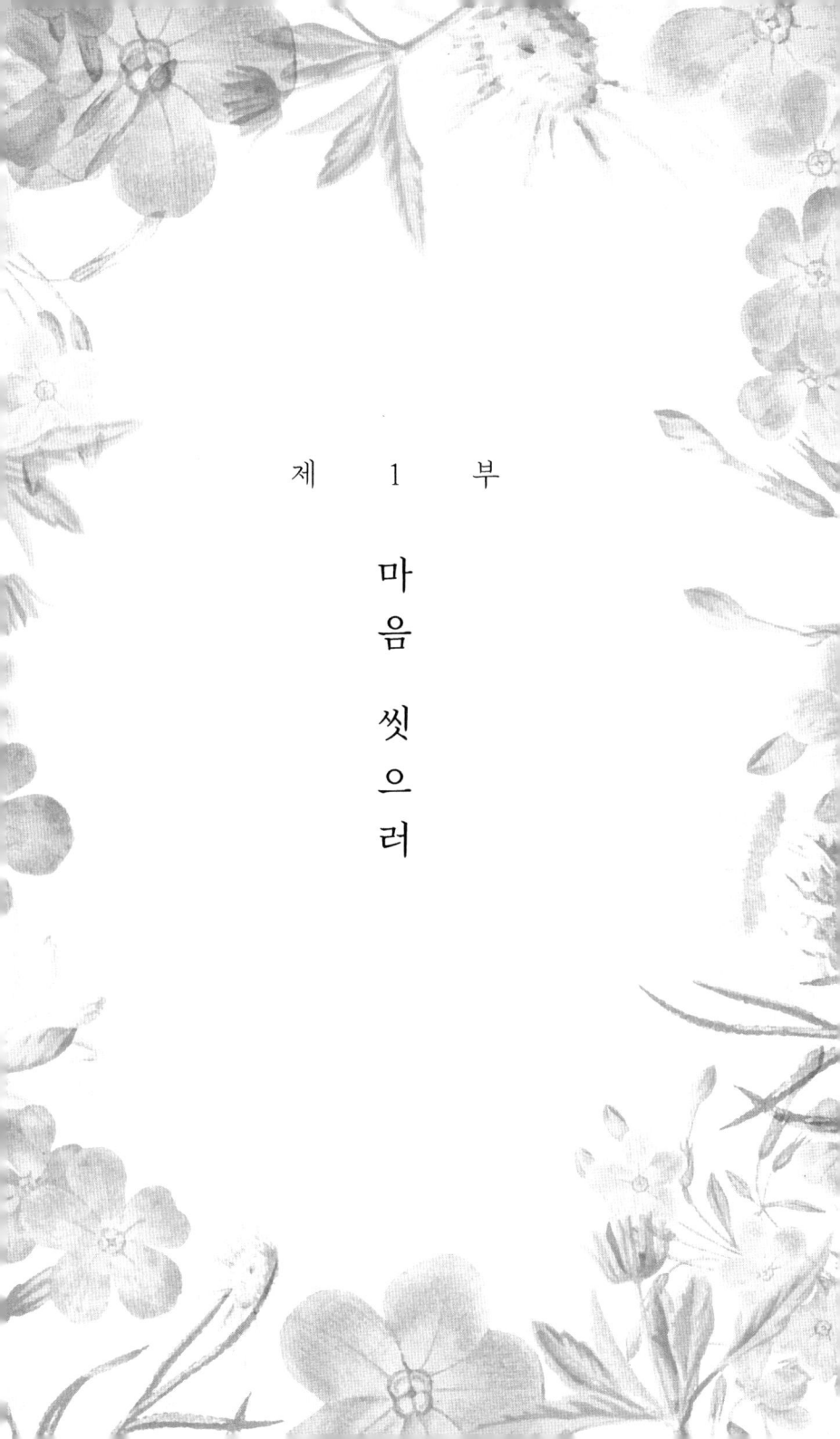

제 1 부

마음 씻으러

마음 씻으러
- 연꽃

혼탁한 세상
마음 씻으러 떠나요

짙푸른 연잎 바다로
등불 밝히듯
활짝 열어젖힌
난만한 연꽃 천국으로

더러운 개흙에서
수려하고 고결한
군자의
처염상정(處染常淨) 꽃

마음 씻으러 떠나요

가는 봄 속에서

누군가
시를 쓰고 있네
짙은 꽃분홍으로
연초록 위
달콤한 청춘을
감복한 하늘
눈물 흘리네
바람도
취해가나
살랑거리네

금계국, 데이지꽃 보며

오늘도 마음 지도를
그리네

누리달* 하늘
물결치는
노오란 금계국
하이얀 데이지꽃

희망
진실한 사랑
닮고 싶어

자꾸자꾸
그리다 보면
저 희망
이룰 수 있을까
진실한 사랑
이룰 수 있을까

* 누리달 6월

고구마꽃

백 년 만에 한 번 핀다는
네 모습
나팔꽃 비슷
친척이었나
뭐가 그리 수줍은지
해만 뜨면
숨으니
행운 잡기 어렵네

꽃비 내리는 날

꽃비 내리는 날
대학 동창 목소리 듣네

까맣게 잊혀진 푸른 날
되살아나
꽃 피우던
오십 년 전 시간 달려와
안불 묻고
반가움에 목이 메네

같은 시간을 공유했었다는
푸른 시간
필름 돌리며
한바탕 웃네

꽃비 내리는 날

꽃샘추위

동장군이 쫓겨가다 생각하니
괜히 심술이 나네
겨울잠 깬 녀석들 웃음소리에

아이고 이건 아니지
봐라 내 매운맛
기를 써 봐도

저기 홍매화가
빙그레 웃고 있네

납매 2
- 시샘달* 꽃

한겨울 정원 잠 깨는
네 향기
배고픔 시달리는 벌, 무당벌레
꿀샘 알려주는
노란색 꽃
맵고 알싸하게 느껴지는
일흔 가지 향
멀리멀리 퍼지니
동장군도 이기는
윈터스위트(winter-sweet)**

* 시샘달 2월
** 납매의 영문 표기

너와 난
- 영춘화와 개나리

국적은 다른데
너와 난 쌍둥이 아니었는지

헷갈리는 외모
한 뱃속에서
힘겨루기하다

선둥이가 된 영춘화
후둥이가 된 개나리

밀려서 꽃 이파리 떨어지고
줄기에 멍까지

그래
희망 꽃말도
같네

때죽나무꽃

간밤에 내린 빗속
대롱대롱 매달린
수많은 하얀 종 울렸을까
냇물 위 때죽나무꽃 이파리
하염없이 떠내려가니

바지런한 손들*,
아이들 함성 소리**
격려 목소리***도
아쉬움 남기는
옛 추억 속으로

* 때 빼는 효과
** 물고기 기절 효과
*** 진통제

설국 속
- 딸기

철없는 아가씨
엄동설한
어찌 오셨소

그 내뿜는 향
이 늙은이 애간장 녹이러
오셨소

고이 간직한 향
동장군 호령도 녹이는구려

매서운 채찍도
사르르

며느리 주머니
- 금낭화

당신을 따르겠다고
진작 고백할걸

고백을 못 했나 봐
매년 찾아오니
고개를 떨구고
하트 모양 비단 복주머니 속
애달픈 사연

고된 시집살이
밥 훔쳐먹다 목구멍에 걸려
죽은 며느리 영혼
황금빛 꽃가루
산골짝 흩어지니

배꽃 나들이, 강아지 세 마리
- 이암, 화조구자도(花鳥狗子圖)*

돌배나무 아래

꽃구경 나온

강아지 세 마리

새 두 마리, 벌

노니며

하얀 배꽃향 빠져드는데

막낸 쏟아지는 졸음

눈을 감네

* 이암(1499-1566) : 세조의 직손, 화조구자도 : 16세기 작 종이에 채색

배추꽃향

매일 식탁에 오르른 너
노오란 네 향
빠져보지 않으련
벌떼 모으고
농부 피로 푸는
책상물림들 모르는
네 향
그래그래
농부 미소까지
달콤해

백목련

바다 신에 빠진
공주의 넋
오늘도 북쪽을 향해
지고지순한 사랑
향내 전해오니
사랑하는 이여
고백은 저 백목련으로

연꽃 질 때면

연꽃이 진다네
올해도 속절없이
아 이토록 살았는데
여태껏 어찌 연밥 따줄 이
하나 못 만들다니
연꽃 향기만
멀리멀리 떠나보내네

설국 열차

아, 분명 봄인데
저리 눈이 내렸나
달리네
북전주선* 기차를 타고

꿈꾸고 있나
빨강 파랑 채색 열차
동화 주인공

밤을 밝히며
흰 쌀밥 이팝나무 속으로
하얗게
하얗게

* 북전주선 : 전북 전주시 동산역과 북주역을 연결하는 한국철도공사 철도노선

살구꽃

하얀 살구꽃 필 때는
나는야 좋더라

그 옛날
살구꽃 나무 아래
민이 이리 건이 모여와
살구 꽃잎 상 차리니
흙밥 위 살구 꽃잎 얹고
엄마 아빠 놀이
너 한 입 나도 한 입
까르르 까르르 웃음소리
살구 꽃잎 묻히니

모두 모두
하얀 꽃내음 핀
얼굴 얼굴
거기 거기
아기 천사들
있었네

수선화

오늘은 왠지
네가 되고 싶어
추사가 사랑한 네 그윽한 향기에
흠뻑 취해보고 싶어

자기애를, 자존심 고결함 뽐내며
외로워도
순수함으로
또 다른 인생 시작하고 싶어

누군가 봄 길 달리는 등불
누군가에 유일한 사람이라
고백도
차갑게 느껴지더라도

오늘은 왠지
봄 정령
네가 되고 싶어

아몬드꽃

봄 전령사

연인들이여
이 아몬드꽃

선물해요
화이트데이에

사랑,
순수한
향기에 빠져봐요

반 고흐가 조카에
선물한
마지막
봄 향기

청보리밭 2

청보리밭 거닐면
떠오르는
그 모진 세월 견딘
눈물 콧물 얼룩진 행주치마

자식새끼 한 톨이라도 더 먹이려던
지문도 없는 손
오늘
우리 있으니
달려가
얼싸안고
주름진 볼이라도 비비자꾸나

저기 저기
일렁이는
청보리밭 사이로
내민 새파란 미소가
곱네

흥그러운 봄 길

나는야 좋더라
성당 가는 길
환한 매화꽃에 흥그러워
향길 가슴으로
담아
친우에게 나누니
왠지 부자 된 듯
흥그러워지네

백일홍 꽃길

산책길
누군가
예쁜 마음 심었네

알록달록
오래 두고 보려
백일홍을

오고 가며
맨날맨날
닮아야지

동강할미꽃

정선 영월 바위틈
하늘 보며
곳곳이 고개 쳐들고
노래하는 처자들
흰색, 보라색, 자색, 남색
고백 못 한 아픈 사랑 추억
사랑 굴레 못 벗은
저 청순한 마음
누가 알꼬

사랑의 계절

온통 길을 도배하는 벚꽃길
눈을 감았다 뜨니
연산군
총애받던 영산홍 노랫소리
첫사랑 즐거움
하늘 찌르고
철쭉 사랑 노래 더하니
아, 봄은 사랑 계절

계단을 오르다 보니
정열이
하얗게 불태워지니
찰나 이 아름다움
삶은 덧없다던
사랑 선두 주자 충고가, 충고가
떠오르네

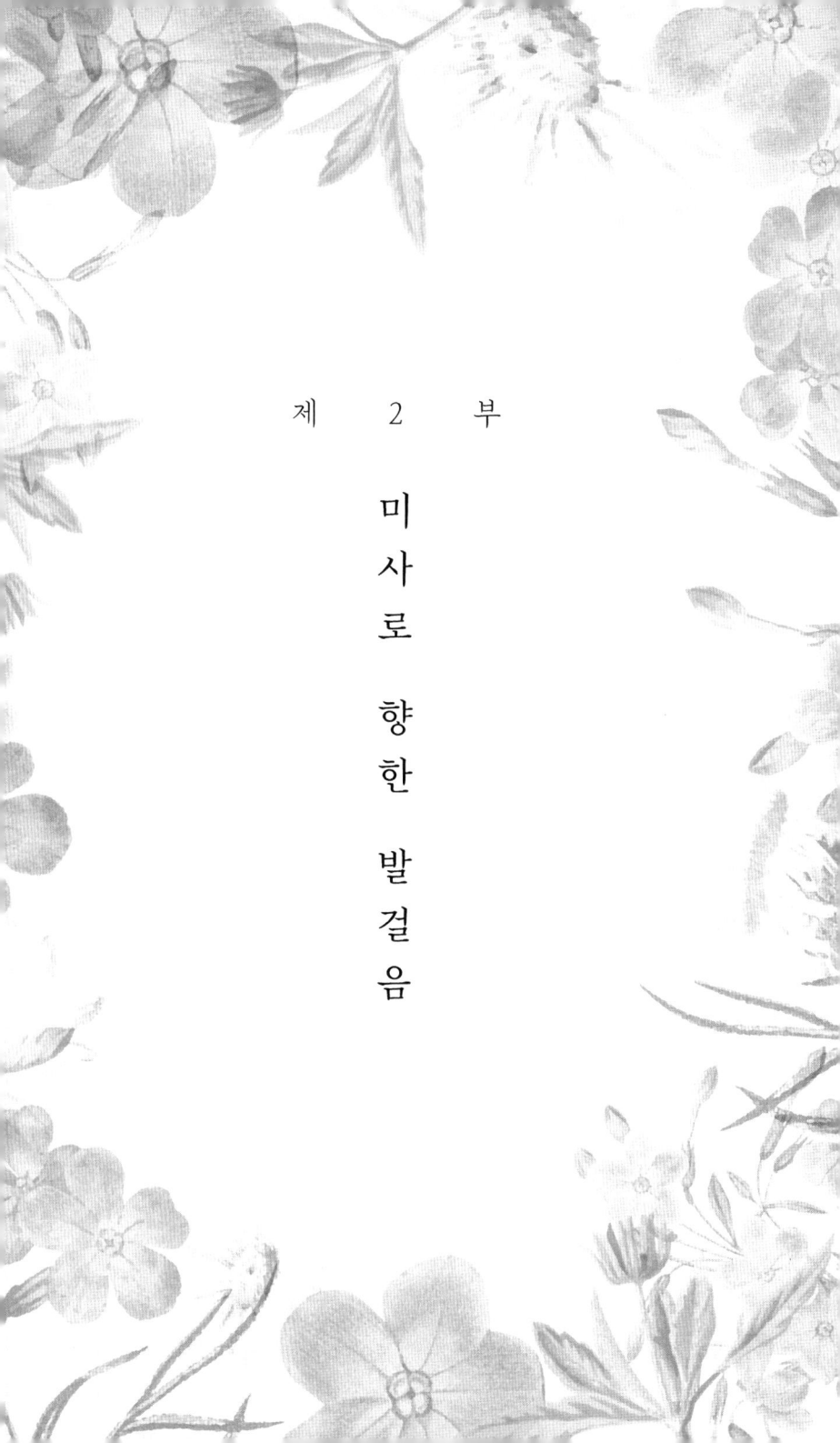

제 2 부

미사로 향한 발걸음

미사로 향한 발걸음
- 예수성심

휘장이 찢어져
천국 문이 열리네
영원한 생명으로
데려가는

옆구리서 나온 물
죄를 씻어 은총 주시고
살, 피 나누어
영원한 생명 주시는
펠리칸 주 예수님

한순간도 우릴 잊지 않으시려
당신 손바닥에 새기시는
거룩한 마음
어찌 미사로 향하는
발걸음
기쁘지 않으랴

프란치스코 교황님을 보내드리며 1

산타마리아 마조레 성당으로
가시는 길은
새봄 부활의 아우성보다 더
뜨거웠어요

늘 우리와 함께하셨던
이웃 할아버지 같은 미소
천천히 나무관 이끌고 가는 발길
연도에 서서 배웅하는 지구촌 가족
박수와 환호성 기도 소리

평생 빈자 아버지로 겸손과 자비의 사도로
프란치스코 성인 닮으려는 성자 모습
교황님
이제 무거운 짐 벗으시고 안식하시며
우릴 위해 전구 해주세요

그 환한 미소가 마냥 그리워지네요

프란치스코 교황님을 보내드리며 2

우리 지구촌에 보내신 하늘 선물인
교황님
이제 아버지 품으로 돌아갑니다
13억 가톨릭신자뿐만 아니라
지구촌 산 성인으로 사셨던
파파
88세 고령인데도
가시는 순간까지 미소 잃지 않고
공교롭게도 부활 다음 날* 가셨네
명동성당 조문 행렬 위로 하늘 표징 보여주시니
아, 그분은 하느님 아들이었구나
모든 사람을 감동케 했지
특히 아이들, 병자 등 소외된 자를
사랑하셨던
파파
영면하소서
곧 성인 되어 다시 오소서

* 2025년 4월 21일

새 교황 레오 14세 교황님을 맞으며

레오*
첫 미국인 교황님
4차례 한국 왔던 인연
캐리어에 옷 몇 벌, 빨래도 직접
이웃집 아저씨, 형님, 선배 같은 분
청빈, 정결, 순명, 친절까지
'항상 아우구스띠노 성인 가르침
복음 뜻을 저버려선 안 된다' 새기고
지하철 타고 봉은사 찾아
스님과 방바닥에 앉아 차를 마시며 젓가락으로 국수를
타 문화권 선입견 거부감 없이
"나는 괜찮다 기다리겠다 천천히 하라"
형제들 말에 귀 기울이는
2027년 세계 청년 대회 다시 한국 찾을
교황님
분단된 한반도 평화 희망 되고
가난하고 고통받는 이들 편에 서서
그리스도 복음 땅끝까지 전하기를
두 손 모아 빌어본다

* 레오 : 사자를 뜻함

성 김대건 안드레아 축일을 보내며

피의 순교자
김대건 안드레아 기억하는 오늘
신학, 라틴어, 프랑스어, 서양철학 공부하고 24세*
사제 서품 받고 조선 들어와 전교 활동할 때
조선 전도 그려 독도를 서구에 알리니
우리말 지명 Seoul
알파벳 처음 표기한 조선전도 완성
짧은 생 평등사상과 박애주의 실천한 성인
1884 성인 선포, 유네스코 세계 기념일 기리는 오늘

"부디 서러워 말고 큰 사랑을 이루어
한 몸 같이
주님을 섬기다가 사후에 함께
영원히 천주 대전에 만나
길이 누리기를 천만 천만 바란다
잘 있거라"
순교 직전 남긴 편지
목이 메네 목이

* 24세 1845년

제대 앞에서
- 부활

삐약삐약 미세한 병아리 소리
노란 꽃들 합창
어린 양 부활초
기쁨 태우는데
어둠 이겨낸
노란빛
가슴 태우니
들리네
열리는 소리
구원의 문

우리 주보 성인 성 유대철 베드로*

무심히 오늘도 성당 복도 계단을 오르며
성인 초상화에
의례적 목례만
돌아서 곰곰이 생각하니
아 저 성인이 누군지 아니
머리를 한 방 때린다

고작 만 13세
넓적다리 살점 떼이고
문초 14회, 고문 14회, 태형 600대, 치도곤 45대에도
순교의 열망 활화산으로 타오르니

"하느님이 임금이요
만물 주인 따르는 것이 옳지 않겠습니까?"
비신자인 어머니를 가르치던
효자 성인

벌겋게 달군 숯덩이를 입에 넣으려 하자
입을 더 크게 벌리니
포졸들 도리어 놀라 물러섰다니

저 주보 성인 만분의 일이라도
닮자며 꺼져가는
신심 불꽃 심지를
돋아보네

* 유대철(1826-1839) : 1984년 5월 6일 시성, 축일 10월 31일

참 예수님 제자의 겸손
- 헨델* 1

해도 달도 없다
한낮 불꽃은 어디 가고 어둠 뿐이냐
온 생 바친 생 마지막 공연
삼손 노래
울리자
깜깜하지만
늙은 맹인 거장 공손하게 허리를 굽히네
투쟁 삶 아기고
높은 예술 경지에 자선** 탑까지 세운
참 예수님 제자 겸손이네

* 헨델(1685-1759)
** 헨델은 언제나 자선사업에 아낌없이 호주머니를 털었다

아름다운 만남

이런 아름다운 만남
또 어디 있으랴

마리아 엘리사벳 방문은
세례자 요한과 예수님 상봉으로
구약에서 신약이
열리니

역사적
미리 준비한
만남 아닌가

성령으로 잉태한
두 여인 만남

어느 장례식
- 전국 대학 책 장례식*을 보며

조문객도, 조화도, 부음 고지도
없이
600킬로 30분
사라져 가는
인간 감정, 기록
디지털 시대
그림자인가

아, 창작 의욕 떨어지는
시대 풍속
그 많은 시간
정열이
구름 속
사라진
햇살인가

* 2022년 206만 권 폐기

지금도 들릴까
- 순교자 언덕 몽마르트

몽마르트 언덕을 걸으면
드니*가 참수되어 자신 머리를 받쳐 들고 가며
부르던 찬송가가
지금도 들릴까
얼마나 깊은 신앙심이었을까
주님도 감동하셔
그런 기적을

* 프랑스 수호성인 드니 : 서기 200년경 이교 반발에 체포되어 고문당해 참수되어 천사들 권능을 부여받아 자신의 잘린 머리를 손으로 받쳐 들고 언덕 위로 올라가는 기적 속 입에서는 찬송가가 흘러나왔다네 몽마르트 언덕을 넘어 쓰러지니 그곳이 생드니 성당 자리라네

신부님의 어느 날

온 신자들 기량 뽐내는 날

한쪽 구석에서
박수로 박자 맞추던
신부님
라켓 잡더니
신학교 학생 시절로 되돌아간 듯
상대를 이기더니 번쩍 라켓 들고
앗싸!

마이크를 잡더니 빼던 모습은 어디
한 곡 신나게
신자들 앵콜 환호성을 뒤로

그간 잠시 숨겼던 숨은 기량을

아, 거긴
뺨 붉은 소년
봄 햇살 같은
해방감 환호성인가

배신
- 소금

신과 인간
인간과 인간
불변 약속 상징

돈주머니 움켜쥔
유다
소금그릇 엎었네
최후 만찬에서

기도 연줄 당기며

불어라 성령
내가 날리는 연
높이 높이
오르게

끊어질라
기도 연줄 꼭 붙잡아라

불어라 성령 바람
저기 저기 주님 계신 곳 닿게

기도 연줄 꼭 붙잡아라

임종 체험

영정 사진 찍고
수의 입고
유언장 쓰니
가장 행복했던 추억
후회되는 순간들
주마등처럼 스쳐간다

고마워, 사랑해
인색했던 말
가장 행복했던 일
사랑하는 가족 무한한 경의를
모두에게 감사를

관 뚜껑 닫히고
모든 것과 결별하는 순간
외로움이

다시 관이 열리니

다시 얻은 생

인간답게 품위 있게 죽음 맞도록

시한부 인생

하루하루 소중하게 살아야지

우물쭈물하기엔

너무 짧다 너무 짧다

"웰빙의 완성은 웰다잉"

청소년 주일에 마주하는 예수님

"이불 꼭 덮고 자라"
들어 보지 못한 이 한마디
K군은 가슴이 따스해진다
패싸움하다 소년원이 집인 양 들락날락
십 년간 손 편지 천 통으로 삶 이정표를 바꾸게 한
학교전담경찰관 L씨
새 삶 산다는 편지에 뿌듯해진다고
찬 바람만 부는 세상
아직도 훈풍 만드는 이 있네

해바라기 4
- 주님

오늘도 당신에 일편단심
기다릴래요
먹구름 끼었지만
충성스런 맘으로
기다리고 기다리면
언젠가 밝은 햇살 맞으며
당신이 떠오르겠지요

달다 발걸음은

달다
그분 뵙고 가는
발걸음은

"주님 빛 속 걸어가자"*
"기쁜 소식 전하는 이들의 발이
얼마나 아름다운가"**
"그들의 소리는 온 땅으로
그들의 말은 누리 끝까지"***
묵상하며

걷노라니

코스모스, 금계국

여낙낙한

박수 소리

전하리

살아 있는 말씀

굳센 믿음으로

* 이사야 2장 5절
** 로마서 10장 15절
*** 로마서 10장 18절

2024년 5월
- 성모님께

성모님
당신을 기리는 계절 여왕
지구촌은 울음바다

제주도는 구백 밀리 폭우
사막 두바이엔 몇 시간 안에
반년 치 폭우, 주먹만 한 우박
스마트라엔 홍수, 산사태
가뭄 땅 남미 폭우 강 범람
캐나다 산불
텍사스 불 서울 면적 7배 불타

성모님
우리 탐욕의 결과물이니
"회개하라, 마지막이 가까이 왔다"
"마음이 가난한 자는 복이 있다"
이천 년 전에 주신 말씀
귓전으로 흘렸으니

오호통재로다

제 3 부

까치가 우네

까치가 우네
- 장욱진*

그믐밤 둥근 나무에서
물감층 두껍게 바르고 수없이 긁어대니
까치 소리 들리네

* 장욱진(1917-1990)

돌아오지 않는 강
-이중섭

눈 내리는 밤
창 내다 보는 소녀
광주리 인 어머니
새 한 마리

분단 아픔 전하는
메시지인가

다가올 봄을 그린
- 박수근*

헐벗은 겨울나무 속
희망을

전쟁 후 가난하고 헐벗은 군상들
어린 동생 업고 엄마를 기다리는 소녀
머리에 짐을 이고 가는 아주머니들
빨래터의 아낙네들

새싹 기다리는
소박한 인물을
황갈색
굵고 검은 윤곽선
화강암 같은 두꺼운 질감으로

한쪽 눈으로
짙은 안경을 쓰고
작업에 혼신 기울이더니

마지막 말
"천당이 가까운 줄 알았는데 - - -
멀어, 멀어"

* 박수근(1914-1965)

군상 1
- 이응노

하얀 바탕에 검은 군중
개미 떼인 듯
한쪽으로 쏠렸다가 모이고
춤추다 질주하다 헤쳐 나가는
연약한 존재
서로서로 유기적 관계
지구촌 모습인가

물방울 변주
- 김창열*

금방 흘러내릴 듯
영롱한 물방울
문자와 결합하다
우주 원리 담는 언어
어릴 적 깨치던 천자문
불러내고
확대 소멸 거듭하는
반백 년
성찰, 회귀
죽은 영혼 위로하는 레퀴엠
은유적 표현으로
가슴 적시는
변주를, 변주를

* 김창열(1929-2021)

비 오는 날이면

비 오는 날이면
생각나는
물방울 화가
붓을 처음 들게 한
김창열 은사
키는 작지만 형형한 눈빛
영롱한 물방울 변주
반세기 영혼
노래 듣네

모네의 정원

누구보다
수련을 사랑한
모네
연작을 많이 그리니
마음속 여유
창작 근원
빛 따라 변화하는 풍경
영원한 쉼터
나만의 정원 되어
자연과 예술 경지를
허물었다네

석양의 화가
- 윤중식*

고향 대동강 변 추억
한 생 잊지 못해
노을 담고 산
윤중식

야수파 앙리 마티스
좋아하던
한국 격변 백 년 살다 간
거장

어릴 적 방앗간
비둘기 둥지 만들던
추억

피난 길
잃은
가족
그리움

노을에 품고 갔네

* 윤중식(1913-2012)

두둥실 어린애로 하늘 올라간*
- 오방색(황, 청, 백, 적, 흑) 화가 박생광**

세평 화실에서
화폭 위를 굴러다니며
"죽는 날까지 정진하라" 정신적 스승*** 교훈 되새기며
지독한 가난 뛰어넘어 서민 염원을
한국 문화 뿌리를
명성황후**** 노적도(老笛圖)***** 그린
오방색 화가

* "두 손을 쥐면 어린애가 되어 하늘로 나는 꿈을 꾼다" 박생광의 말
** 박생광(1904-1985) : 주사(朱沙) 독 후두암으로 죽다
*** 청담 스님(1902-1971)
**** 명성황후(1984)
***** 노적도(1985)

그리스도 모습으로 매달려
- 근대 조각 거장 권진규*

"신들에게 다가가 그 빛을 인류에게 퍼뜨리는 것보다
아름다운 일은 없다"**
베토벤을 사랑해
음을 양감으로 표현하고자
부르델***에 심취하기도
썩지 않는 테라코타 내면세계 추상적 표현으로
영원을 바라보더니
건칠****로 십자가 매달린 예수상 만들더니
예배 대상 안된다고 퇴짜 맞자
그리스도 모습으로 매달려 영원으로

* 권진규(1922-1973)
** 베토벤
*** 부르델 : 로댕의 제자
**** 건칠 : 흙으로 만든 원형 위에 여러 겹의 천을 옻칠하여 형태를 만들고, 이후 원형을 제거하여 속이 빈 칠기를 제작하는 기법

금빛 우정
- 천도복숭아

옛적 구상 시인은
병석에서
복숭아 선물을 받았다네
이중섭 화가에게서

폐엔 복숭아가 좋다며
무를 일도 썩을 일도
없는 복숭아를

죽을 때까지
아끼며
살았다네

조선 돈키호테
- 변종하*

자유로운 영혼
다재다능
돈키호테 삽화 그리고
도자기화 인기 누리고
캔버스 위 석고 종이 붙여 오철 형상
자신만의 예술 찾고
각광 받는 작가였으나
말년 은둔, 병마와 싸우며
순수한 아이로

울고 웃는 자화상 남기고
"당신이 세상에서 한 번도 본 적 없는
그림을 그려 보여주겠다"더니
하늘로 갔네

* 변종하(1926-2000)

현 근대 미술 숲 거닐며
- 암흑기

굴곡진 삶
가난 이기고 자신만의 예술혼 태운
이들 있으니

인내와 끈기 상징인 황소
순한 눈망울 애절한 절규
비바람 이긴 진실 그린
이중섭*

오랜 유학 생활 고향 산천 목마름
은은한 쪽빛 향수 그린
김환기*

변치 않는 제자리 지키는 산
그 산이 인생이며 내 안에 있다는
유영국*

대한민국 지키는 힘의 근원

우리 이웃이라며

군상 그린

이응노*

---

* 이중섭(1916-1956), 김환기(1913-1974), 유영국(1916-2002), 이응노(1904-1989)

제비 다방*

경성 에꼴드 파리
동병상련 곱추 구본웅**과 까치머리 이상

룸펜 지식인들 아지트
금홍이와 사랑 불태우고
클래식과 영화를

오늘 스타벅스 천국 기원을 꿈꾼
천재 이상 아지트
27세 요절하니
오늘도
가슴 치게 하네

* 제비 다방 : 이상(1910-1937)이 운영하던 청진동 다방
** 구본웅(1906-1953)

수묵 추상 선구자
- 산정(山丁) 서세옥* 1

치열하게 살다 고요히 떠난
현대적 문인화가
어린 시절 익힌 서예 기법
회화접목
간결한 선묘 담채에 담백한 공간 처리
오직 점, 선만으로
자연 근본적 질서
영원의 미
절대미 추구
인간 시리즈
'기다리는 사람들', '두 사람', '춤추는 사람'
역동적 붓 자국 사람 흔적 묘사

* 서세옥(1929-2020)

즐거운 비속
- 산정(山丁) 서세옥 2

붓 쥔 손
종이 위 머물다 떠나면
먹구름 되고
점이 되고
빗물 되면
툭툭 후두둑
한여름 소나기

그 속
할아버지 무릎 아래
서예, 시 익히던
아이 있네

추상 미술 아버지
- 간딘스키*

영혼을 비추는 거울
피아노 건반을 두드리듯
색과 선으로 내면 풍경을
시간은 직선으로 공간은 곡선으로
파란색은 평온, 빨간색은 열정
추상 미술 선구자
선과 색으로
유영하네
끝없이

* 간딘스키(1886-1944) : 러시아 작가

수화(樹話)* 일기
꿈은 무한하고 세월은 모자라고**

달, 달항아리, 산, 구름, 날아가는 새, 매화

"오늘도 점심 굶고 늦도록 벽화, 그리던 저녁"
"어제도 오늘도 제작, 죽어 버리고 싶은 날"
"제작에서 오는 희열도 찌릿하게 느낀다"

그렇게 그렇게 화업 여정은 수첩에서

"죽을 날도 가까워 왔는데 무슨 생각을 해야 하나
꿈은 무한하고 세월은 모자라고"
그가 찍은 점들

---

* 수화(樹話) 김환기(1913-1974)
** 1974년 6월 16일 일기

용감한 예술 후원가
- 시인 이상과 김환기 아내 김향안

변동림*, 김향안*
당신 열정적 삶에 박수를
이상의 아내일 때나
김환기 아내일 때나
지성적 불꽃 태우며
두 명의 정신적 동반자로
아프고 잔인한 사랑 나눈 그녀

첫 지아비를 떠나보내고 시비(詩碑) 세우고
그림 편지로 부드럽고 서정적 자유로운 영혼 소유자 만나
김향안으로 부활
서른 해 김환기생 이끈 조력자, 매니저
환기 미술관, 환기 재단 만들고
화가, 수필가로도 생을 태우고 갔으니
장하다 불모지에
예술혼 활활 태우고 간
여장부
길이 기억되리

* 변동림(1910-2004) : 이상과 사별 후 김환기와 결혼하며 *김향안이라는 이름을 쓰기 시작했다

아름다운 날 남기고 간 조선 르네상스인
- 한국 파브르 석주명*

오호통재로다

조선 자연사 세계에 알린

르네상스인

평안도 사투리 때문에 비명횡사**하다니

나비 연구 박물학

하버드 스미스소니언 후원 얻은

나비 박사

일기장 '아름다운 날'이라고 남기고 갔네

* 석주명(1908-1950) : 일제 강점기 나비연구자, 언어학자
** 평안도 사투리 때문에 인민군으로 오인해 총살당함

쿵쾅쿵쾅 심장 맥박 소리
- 정상화*

쿵쾅쿵쾅
실핏줄 맥박 소리
격자무늬 속에서
고령토 바르고 물감 덜어내고 메우고
다시 뜯어내

"여기 어디 그림 있어"
"이게 뭡니까"
세계 어딜 가도 찾지 못하는
바보스러운 작업
수행 가까운 노동
화업 60년
무한한 숨결은 주우욱

* 정상화(1932-) : 1세대 단색화 거장

몽환적 휴식
- 천경자* 초원 2

킬리만자로 기슭
마사이 암보셀리 공원
저 멀리 얼룩말 5마리, 사자 둘러싸여
코끼리 등에 벌거벗은 여인
엎드려
휴식을

현실 고통 잊으려나
고독 즐기나
새로운 꿈 꾸나

* 천경자(1924-2015)

폴 세잔*

보이는 대로
데굴데굴 굴러떨어질 듯한
원근법 무시하고
동그라미 형태
그리다

유언대로
비 오는 날
"그림 그리다 죽고 싶다"

말대로 야외에서 그림 그리다
폐렴으로 간
근대 회화 아버지

---

* 폴 세잔(1839-1906)

평생 천상 그린 화가
- 이남규*

"이 작은 몸짓으로 당신만을 찬미하게 하소서
오직 그것만이 나의 기쁨이 될 것입니다
저 맨 아랫자리에서 당신을 바라볼 수 있게 해 주십시오"
신부전증을 앓으면서도 예술혼 발휘하던
한국 유리화 선구자
이남규 화가

빛과 믿음
빛은 마음에
매개체가 되어 영원의 생명에
빛으로 그리스도 말씀을
유리를 통과할 때 빛은
마음 모습
영혼을 형상화

명동 대성당
훼손된 스테인드글라스 복원을 위시해
50개 성당 500여 점 작품 남겼으니
그는 신이 우리에 보낸
신의 사자(使者)였을까

평생 천상 그리던 그 작품 앞
옷깃 여미며
초라한 믿음 추스르네

* 이남규(1931-1993)

고은 노을 1

빛나는
노년 열정에 박수를

69세 사계 완성한 하이든*
예순에 38세 베토벤을 가르치고
20세기 대표 피아니스트 루빈스타인*
일흔에도 연 백회 넘는 연주회 열고
99세까지 무대 선 호르쵸프스키*

자신 일에 대한
확신, 자신감, 연주를
숙명으로
성실성 낙천성
고은 노을 만드네

---

* 하이든(1732-1809), 루빈스타인(1887-1982), 호르쵸프스키(1892-1993)

고은 노을 2
– 아프리카 성자(聖者) 알베르트 슈바이처*

존경, 박수를

목사, 신학 교수, 의사
서른 이후 봉사 생활
아프리카 오지 의술 베풀고
마음 동반자 음악 들으며 눈 감은
탁월한 바흐 연주자
행복한 하느님 일꾼
알베르트 슈바이처

---

* 알베르트 슈바이처(1875-1965) : 1913년 아프리카 봉사 생활 중 바흐의 오르간 작품(요한 제바스티안 바흐) 출간

고은 노을 4
- 미켈란젤로*

박수 보내네
만년 최후 죽음 앞
임무, 노령, 절망 접고
순명하던 모습

거장 미켈란젤로
"이미 내 손엔 저승행 티켓이 들려 있다"라고 노래한

이십 대
'피에타'

오십 대
'다비드상'

육십 대
'시스티나 예배당 벽화'

일흔 살
'성 베드로 성당' 설계하고

일흔둘에
"이제 나의 백발과 고령을 내 것으로 받아들였다네"

* 미켈란젤로(1475-1564)

기다리고 기다리는

기다리고 기다리는 것
사랑인가
기다리고 기다린 것도
행복인가
7년 살고, 70년 그리던
이중섭 아내
야마모토 마사꼬
남편이 그린 황소 닮았네

제 4 부

"얼쑤" 좋구나

"얼쑤" 좋구나
- 탈춤

태평소 소리 흥취 해 꽹과리 장구 북소리
아이들 아낙네 우르르 우르르
양반 종 신발 장수 떠돌이 양반 문둥이 백정 원숭이 사자
능청스런 연기
양반 사회 모순 풍자하고
당당히 제 의견 펼치니
어우러진 화해의 장
억압받던 숨통 트이고
음악 춤 어우러지는
놀이 한마당

민중예술 종합 예술
탈춤
당당하게
유네스코 인류 무형문화 유산
등재
"얼쑤" 좋구나

잎새달*의 위로

유례없는 영남 산불

지독했던 아픔

헬기 조종사들 사망

사라진 사과나무

유죄라는 소나무

그래도 어김없이 돌아온

여신들 향연 소식

짠한 맘을 달래주네요

* 잎새달 4월

40년 지켜온 신화
- 활과 한국인

한국 여자 양궁 올림픽 단체전 10연패

최종적 단 한 점 앞선

이 한 점

우리 민족 수천 년 인연
세계 가장 오래된 울주 반구대 암각화
고구려 고분 무용총 수렵도
고구려 동명왕 신궁
숨은 과학 슈퍼 로봇 긴장 완화 훈련
합작품

박수를, 박수를

가자미 눈

가자미를 뜯으며
생각해 봤지
꿈 해몽*을 잘 못 해준 대가로
오른쪽으로 쏠린 눈
그래
아무리 나쁜 일이라도
지나친 말은 침묵보다
나쁘다는 교훈
얻네

* 메기 장군 꿈을 죽을 꿈이라 해, 뺨을 세게 맞아 한쪽으로 눈이 쏠렸다네

나래 단 한지

역시 한지도
우리 것
최고여

"세계기록유산 직지심체요절" 복사본
"성 캐서린 결혼식" 판화
"렘브란트" 작품
"프라고나르 회화" 작품
"이슬람 경전 코란"
보전에 문경 한지

닥나무 닥풀 손수 기른
한지장(韓紙匠)
2대째 내려오는 가업 잇는
김삼식 부자

유네스코 문화유산 등재 준비 중이라니

박수를 보내네

막걸리

너만큼 사랑받는 술 또 있으랴
왕에서부터 농민까지 사랑받던
우리 유산

즐겁게 놀기 위해
온갖 시름 잊기 위해
애주가 연산군도 너 때문에 근심을 잊노라 했다지

집집마다 술 익는 내음
흘러나왔다는
조선 시대가
오늘은 왜 이다지도 그리워질까

뉴코리안

1020 젊은이들
앞날을 다스릴 그들
파리올림픽에서도 기대치 이상
온 국민을 열광케 하더니
산업화 영웅들 영화 같은 삶
현실 모델로 삼으니
바라보는 우린
키다리 아저씨 역할만
충실히 하면
충실히 하면
아레테(arete)* 겠지

* 인간이나 사물이 본래 기능과 잠재력을 최대한 발휘하는 경지

배꼽 웃음

마음속 조깅
오늘도
스프링 없는 마차가 되어선 안 되지
부정적 감정 병을 막아주는
방탄 조끼 입자

오늘도 행복하기 때문 아니라
웃기 때문에 행복해지는
방탄조끼

수요일엔*
금요일 8시**처럼
하 하 하

* 수요일 아침 제일 힘든 날
** 가장 많이 웃는 시간

까칠한 너
- 시금치

새하얀 솜이불 속
새파란 청춘 뽐내는 너

달착지근한 맛
반하지만
너무 가까이하기엔 먼 당신

얘도 싫고 쟤도 싫어*
어쩔꼬

어울더울 사는 세상

* 시금치와 궁합 안 맞는 음식 : 두부, 멸치, 김, 계란 등

물오름달*을 보내며
- 2025년

겨울잠 깬
봄 여신들 노랫소리
개나리 산수유 매화 동백
제 향을 뽐내며
웃고 있는데
이건 또 뭐지
산불에 싱크홀에
둘로 쪼개진 민심
정국은 난파선이 되어가고
누가 조선 붕당 정치 후예 아니랄까 봐
아, 밖에선 경제 목을 조여오는데
어디로 가는 것인지
모두 정신 줄 꼭 붙잡고 놓지 말지니
간만에 올라선 국제 위상 추락 일보 전일세
벗님들 모두 모두
두 눈 부릅뜹시다

* 물오름달 3월

김치 날을 맞으며
- 11월* 22일

한국 김치 훨훨
지구촌**으로

한국인이면
모든 밥상 주인 노릇
아무리 헐벗어도
김치 한 쪼가리
입맛 돋우는 도우미

이젠 지구촌 밥상에
면역력 강화식품이라네

조상님께 다시
큰절 한 번

* 미틈달 11월
** 93개국

명태 변신

이름도 다양한
넌
코다리 백태 동태 북어 황태 노가리
겨울 먹거리로 겨울 밥상
오르더니
복을 기원하는
액막이, 액받이로

그 큰 눈
감시와 보호 역할 한다네

편백나무, 밀랍, 도자기, 모빌로
명태 인형 만들어 선물용

불안한 세상살이
복비는
액막이 액세서리 되었네

아름다운 나뭇잎 편지*
- 홍엽양매(紅葉良媒)

"흐르는 물 어찌 그리도 급히 가버리는지
이 깊은 궁궐은 종일토록 한가한데
남몰래 붉은 잎에 넌지시 말하노니
잘 흘러가 누구에게라도 전달했으면"

붉은 나뭇잎 중매로

애절한 사연 하늘 도왔는지
우우(于祐)와 인연
운명 사랑 맺네

* 당나라 말기 희종 때 궁녀 한씨의 러브레터. 냇물에 띄운 편지에 '우우'가 회답을 잎사귀에 띄워 인연을 맺음

동경 커피 맛은

'카페 파울리스타'*
커피 맛은

백여 년 전
김동인과 주요한이 밤새
'창조' 논하던
문화 불꽃 튀기던 거긴
복고풍 논하는 젊은이 핫플레이스로

근대 문인 최초 커피 애호가들
즐기던 그 맛
자못 궁금해, 궁금해

* 1909년에 연 일본 최초 카페, '상파울루 사람'이라는 뜻

산불 참사(慘事)

별 생각 없이 한
예초 작업 참사
완전 복원
백 년이 걸리는
후유증 나았으니
어쩔 거냐
죗값을 따진들
개굴개굴 소리 12년
개미, 메뚜기 13년
두더지, 삵 35년 지나야
돌아온다니

자손 대대 유산이

이리이리

지구촌 가족들이 부러워하던 금수강산

저 지하 조상님들

혀 끌끌 차는 소리

달게 받아

하나로 하나로

힘 모으세

강남 찬가

은행나무 가로수길
건장한 세계 청년들 걷고 있네

그 옛적 논두렁 밭두렁 뒹굴던 코흘리개 모습
상전벽해(桑田碧海)

한국 맥박이 팔딱거리는
바둑판 세계 도시

대모산 구룡산 푸른 정기
지친 영혼 씻는 양재천
쑥쑥 커가는 강남
내일 짊어질 건아들 속출하고

한국 문학 위상 높이는
강남 문인들
저 달나라까지 지평을 넓혀가니
복된 땅 강남

오늘도 내일도 영원하라
응원하는 까치 인사
거리엔 만개한 목련 웃음꽃
가득 가득 넘쳐나네

아, 기억되리

오징어 굽고, 미나리 무치고, 버터 두르고
한국 문화 세계 식탁에

윤여정 오스카 여우 조연상
나라 곳간 채운 이건희 컬렉션 한국미술 위상 높이고
인사동 발굴 현장 조선 금속 활자 갑인자 얼굴 뵈고
가상 인간 모델 로지 탄생
춤 '헤이 마마' 한국 들썩
유학파 아닌 국내파 피아니스트 박재홍
이태리 '부조니 콩쿨' 5관왕 기염
오디션 내일은 국민가수 시청률 첫 방송 16.1%

BTS '버터' 아메리칸 어워드 선정 '올해 음반'
뮤지컬 '레드북' 젠더와 세대 갈등 따슨 손 내밈
음식 '스시', '미쉐린 가이드 서울 2022' 스시집 세 곳 별 획득

아, 기억되리
2022년이여!

효도 계약서

일 촌인 부모 자식간
계약서를 써야 하는 시대
몇 대 아니 우리 윗세대를 생각하더라도
이런 그림 있었나
유교 풍습이 남아있어 아직도 제사를
지내는 가풍 있는데
자식 부모 간 문서로 효를
씁쓸한 풍속도
세상 물정 잘 모르는
꼰대 생각인가

시인 4

심장을
핀셋으로
요리조리
헤집는
시인은
심장을
꺼내나
심상을
꺼내나
저 외과 의사에게
물어

수지 언니

난 한국과 결혼했어예
대구가 시댁
옥스퍼드 졸업한 재원
구두닦이 아이들 누나로
60여 년
불우 이웃을 돕는 데 헌신
"사람은 사랑을 받으면 사랑을 알아듣더라"

한국 천주교 역사 특강에 감명받은
양 수산나
화물선에 의대생 연습용 피아노 7대 싣고
들어와
가톨릭 정신 쏟아부은 일생
찬사를
수지 언니!

앵무새 예쁜 소리

푸르게 푸르게 살자고
푸른달*
다 모이네

근로자, 어린이, 식목일, 식품 안전, 스승, 성년, 부처님,
세계인, 부부
모든 기념일 다 모여

푸르게 푸르게 살자고
푸르게 푸르게 살자고
앵무새** 예쁜 소리

* 푸른달 5월
** 5월 마지막 날. 세계 앵무새의 날

노안(老顔)은 예술품

노인 얼굴 마주하면
살아온 그만의 역사가 고스란히
묻지 않아도
자신이 엮어온 그림이 그려지니
노인 얼굴은 각자 예술품이야
주름 하나하나에
하세월이 박혔으니

마음 씻으러

펴낸날 2025년 9월 2일

지은이 고명지
펴낸이 주계수 | **편집책임** 이슬기 | **꾸민이** 허유진

펴낸곳 밥북 | **출판등록** 제 2014-000085 호
주소 서울특별시 마포구 양화로 156 LG팰리스빌딩 917호
전화 02-6925-0370 | **팩스** 02-6925-0380
홈페이지 www.bobbook.co.kr | **이메일** bobbook@hanmail.net

ⓒ 고명지, 2025.
ISBN 979-11-7223-108-8 (03810)

※ 이 책은 저작권법에 따라 보호받는 저작물이므로 무단전재와 복제를 금합니다.